VENTE

Du Lundi 10 Mars 1884

HÔTEL DROUOT, SALLE N° 3

TABLEAUX

PAR

Mlle ROSA VENNEMAN

COMMISSAIRE-PRISEUR	EXPERT
Me Léon TUAL	**M. BERNHEIM**, jeune
39, rue de la Victoire.	8, rue Laffitte.

EXPOSITIONS

Particulière : Le Dimanche 9 Mars, de 1 h. à 5 heures.

Publique : Le jour de la vente, de 1 h. à 2 h. 1/2.

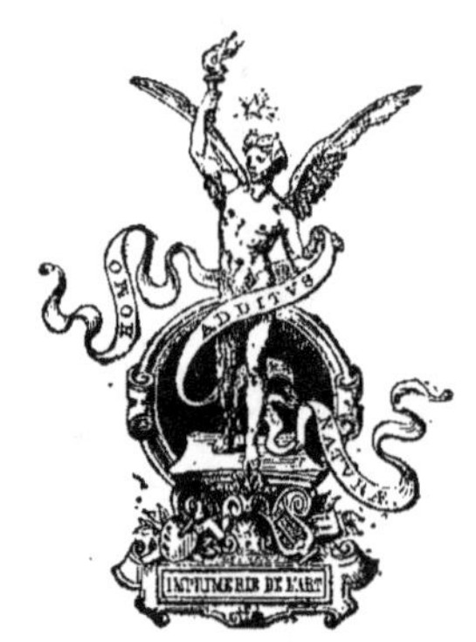
IMPRIMERIE DE L'ART

CATALOGUE

DE

TABLEAUX

PAR

MLLE ROSA VENNEMAN

DONT LA VENTE AURA LIEU

HOTEL DROUOT, SALLE N° 3

Le Lundi 10 Mars 1884, à 3 heures.

Par le Ministère de **Me LÉON TUAL**, commissaire-priseur,

39, rue de la Victoire, 39

Assisté de **M. BERNHEIM jeune**, expert,

8, rue Laffitte, 8

Chez lesquels se distribue le présent Catalogue.

EXPOSITIONS

PARTICULIÈRE	PUBLIQUE
Le Dimanche 9 Mars 1884	*Le jour de la vente*
DE 1 HEURE A 5 HEURES.	DE 1 HEURE A 2 HEURES 1/2.

CONDITIONS DE LA VENTE

Elle sera faite au comptant.

Les adjudicataires payeront *cinq pour cent* en sus des enchères.

Paris — Imp. de l'Art, J. Rouam, 41, rue de la Victoire.

Mlle ROSA VENNEMAN

La jeune artiste dont les œuvres vont subir, pour la première fois, l'épreuve des enchères[1], Mlle Rosa Venneman, est la fille de Charles Venneman, peintre distingué, qui remporta une médaille d'honneur à l'Exposition de Gand, et qui figure aujourd'hui dans les principaux musées de Belgique et d'Allemagne. Elle est la sœur de Camille et d'Adolphe Venneman, qui furent également deux artistes de talent. Elle a donc de qui tenir, cette vaillante jeune fille qui, à l'âge de quatorze ans, se faisait remarquer à l'Exposition de Liège par un tableau que la Commission s'empressa d'acquérir. Ce succès eût grisé une artiste ordinaire. Il décida simplement Mlle Venneman à se rapprocher de la nature naturante, à s'isoler dans le travail et la méditation, en pleine campagne, loin des salons et des ateliers, où l'on cause trop et où on pense trop peu. Pendant sept ans, la jeune artiste se livra à l'étude des animaux, dans le grand silence des champs, errant parmi les troupeaux, observant les atti-

1. Voici, croyons-nous, la première vente de tableaux dont une artiste femme ait pris l'initiative.

tudes familières des vaches paisibles, des taureaux superbes et indomptés, analysant le ton des robes, rousses ou grises, s'absorbant dans une incessante et intelligente contemplation des êtres et des choses, ainsi se forma cette artiste originale et personnelle.

Mlle Rosa Venneman avait à peine vingt ans lorsqu'elle vint à Paris étudier les maîtres de toutes les époques, se pénétrer de leur manière, se fortifier de leurs grands enseignements. Lorsqu'elle se fixa définitivement parmi nous, elle avait déjà fait recevoir à l'Exposition de Gand plusieurs tableaux importants qui eurent les honneurs de l'acquisition. Depuis, nous l'avons suivie avec intérêt aux différents salons de Paris. Si elle a été toujours discutée, et souvent avec passion, du moins aucune œuvre signée de son nom n'est passée inaperçue. La critique, en présence des cinquante-huit ouvrages exposés à l'hôtel Drouot, va pouvoir porter sur Mlle Venneman un jugement définitif. Nous serions surpris que la jeune artiste ne sortît pas plus grande de cette redoutable épreuve.

FIRMIN JAVEL.

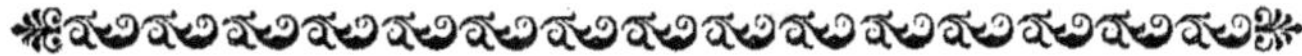

DÉSIGNATION

TABLEAUX

---

1 — *La Gardeuse de vaches.*

> Haut., 1 m. 53 cent.; larg., 1 m. 15 cent.

2 — *Le Puits ; Saint-Honoré-les-Bains (Nièvre).*

> Haut., 41 cent.; larg., 32 cent.

3 — *Chrysanthèmes.*

> Haut., 61 cent.; larg., 5o cent.

4 — *Groupe d'animaux.*

> Haut., 91 cent.; larg., 645 millim.

5 — *Chemin de Langrune (Calvados).*

> Haut., 91 cent.; larg., 645 millim.

6 — *Bouvier conduisant ses vaches au pâturage.*

> Haut., 91 cent.; larg., 645 millim.

7 — *Attelage flamand: environs d'Anvers (Belgique).*

> Haut., 94 cent.; larg., 69 cent.

8 — *Fleurs.*

> Haut., 91 cent.; larg., 645 millim.

9 — *Au bord de l'eau; effet du matin.*

> Haut., 91 cent.; larg., 645 millim.

10 — *Bœufs du Morvan retournant à l'étable.*

> Haut., 91 cent.; larg., 645 millim.

11 — *Le Matin. Paysage, animaux.*

> Haut., 91 cent.; larg., 645 millim.

12 — *Nature morte; bibelots anciens.*

> Haut., 92 cent.; larg., 73 cent.

13 — *Tête de bœuf.*

Grandeur naturelle.

Haut., 92 cent.; larg., 67 cent.

14 — *Avant l'orage. Vaches.*

Larg., 1 m. 30 cent.; haut., 99 cent.

15 — *Soleil couchant. Environs de Compiègne.*

Larg., 1 m. 30 cent.; haut., 73 cent.

16 — *Retour des champs.*

Haut., 65 cent.; larg , 535 millim.

17 — *Un Dessert.*

Larg., 74 cent.; haut., 445 millim.

18 — *Tête d'âne.*

Haut., 67 cent.; larg., 54 cent.

19 — *Intérieur d'une étable (Morvan).*

Larg., 92 cent.; haut., 65 cent.

20 — *Rentrée à la ferme (Belgique).*

> Haut., 1 m. 3o cent.; larg., 89 cent.

21 — *Passage du gué.*

> Larg., 92 cent.; haut., 73 cent.

22 — *Vaches au repos.*

> Larg., 1 m. 3o cent.; haut., 845 millim.

23 — *Intérieur d'étable.*

> Larg., 73 cent.; haut., 59 cent.

24 — *L'Attente.*

> Larg., 61 cent.; haut., 45 cent.

25 — *Sous bois. Environs de Melun (Seine-et-Marne).*

> Larg., 65 cent.; haut., 44 cent.

26 — *Une Ferme à Saint-Honoré-les-Bains (Nièvre).*

> Larg., 81 cent.; haut., 65 cent.

27 — *Nature morte; légumes.*

> Larg., 1 m.; haut., 81 cent.

28 — *Coup de vent.*

Larg., 1 m.; haut., 81 cent.

29 — *Attelage du Morvan.*

Haut., 46 cent.; larg., 38 cent.

30 — *Bouquet de lilas.*

Haut., 61 cent.; larg., 505 millim.

31 — *Fleurs.*

Haut., 81 cent.: larg., 65 cent.

32 — *Bouquet de violettes.*

Haut., 50 cent.; larg., 61 cent.

33 — *Chrysanthèmes.*

Haut., 645 millim.; larg., 49 cent.

34 — *Étude prise à Nice.*

Larg., 73 cent.; haut., 49 cent.

35 — *Sous bois.*

Larg., 56 cent.; haut., 46 cent.

36 — *Étude prise à Nice.*

Larg., 56 cent.; haut., 46 cent.

37 — *Petite Vache.*

Haut., 41 cent.; larg., 33 cent.

38 — *Étude prise à Langrune (Calvados).*

Larg., 61 cent.; haut., 5o cent.

39 — *Paysage.*

Larg., 555 millim.; haut., 46 cent.

40 — *Ferme aux Sables-d'Olonne (Vendée).*

Larg., 55 cent.; haut., 46 cent.

41 — *Étude. — Marine. — Le Tréport (Seine-Inférieure).*

Haut., 56 cent.; larg., 46 cent.

42 — *Fleurs.*

Larg., 32 cent.; haut., 24 cent.

43 — *Sous bois.*

Larg., 32 cent.; haut., 24 cent.

44 — *Le Soir.*

Haut., 32 cent.; larg., 24 cent.

45 — *Nature morte; oranges.*

[Larg., 32 cent.; haut., 24 cent.

46 — *Petit Attelage du Morvan.*

Larg., 24 cent.; haut., 19 cent.

47 — *Petite Ferme dans le Morvan.*

Larg., 215 millim.; haut., 16 cent.

48 — *Environs du Tréport (Seine-Inférieure).*

Larg., 2 m. 80 cent.; haut., 75 cent.

49 — *Bouquet de fleurs.*

Haut., 1 m. 44 cent.; larg., 98 cent.

50 — *Fleurs. Lilas blancs et iris.*

Haut., 84 cent.; larg., 63 cent.

51 — *Fleurs.*

Larg., 32 cent.; haut., 24 cent.

52 — *Fleurs.*

Haut., 84 cent.; larg., 63 cent.

53 — *Sous bois.*

Haut., 56 cent.; larg., 46 cent.

54 — *Cour de ferme. Environs de Bruxelles.*

Haut., 84 cent.; larg., 63 cent.

55 — *Le Passage du gué.*

Larg., 1 m. 30 cent.; haut., 99 cent.

56 — *Vaches au bord de la mer, Langrune (Calvados).*

Larg., 1 m. 30 cent.; haut., 99 cent.

57 — *Nature morte.*

Larg., 32 cent.; haut., 24 cent.

58 — *Paysage avec animaux — Billancourt.*

Larg., 1 m.; haut., 82 cent.